Coucou!

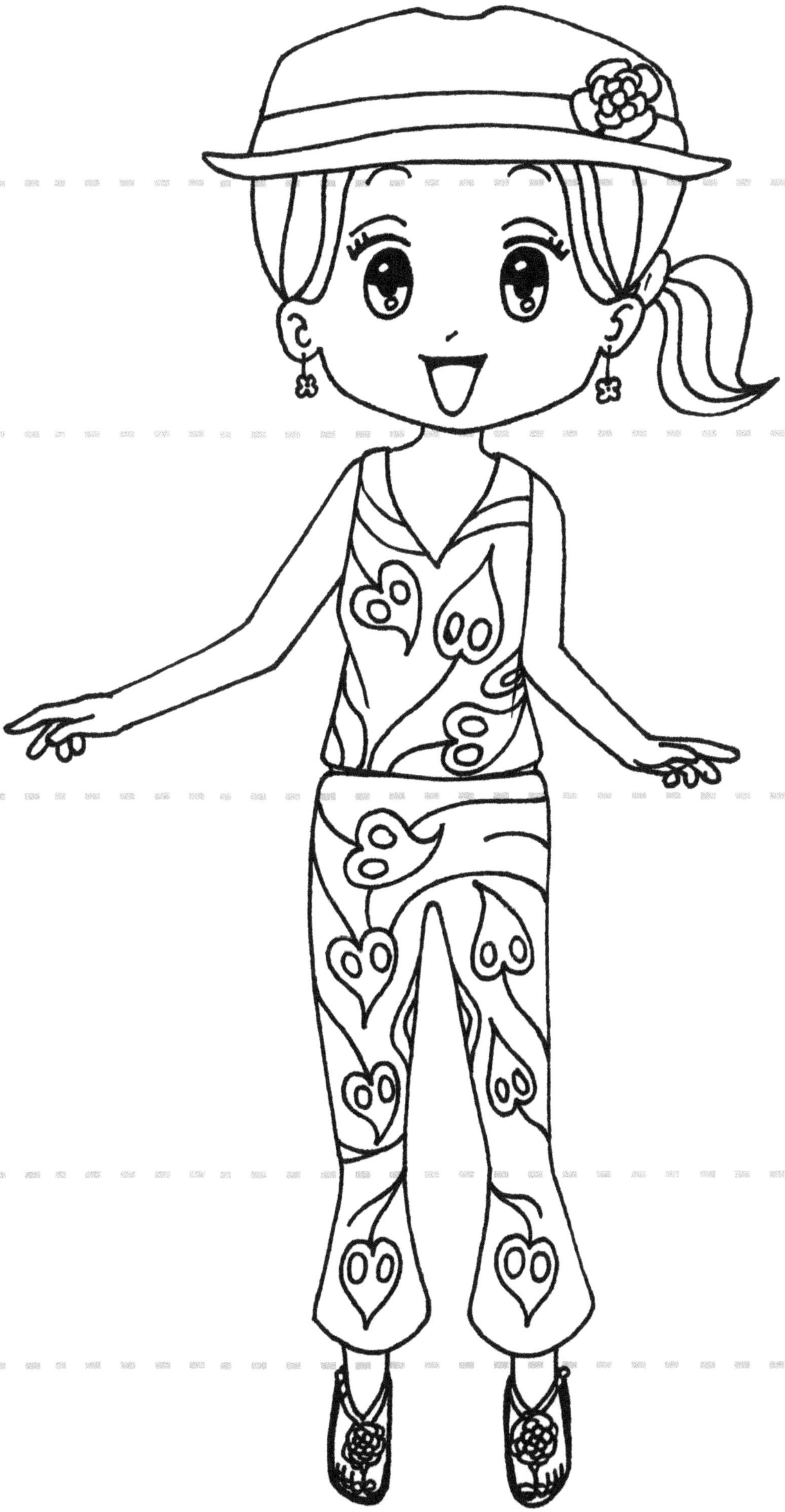

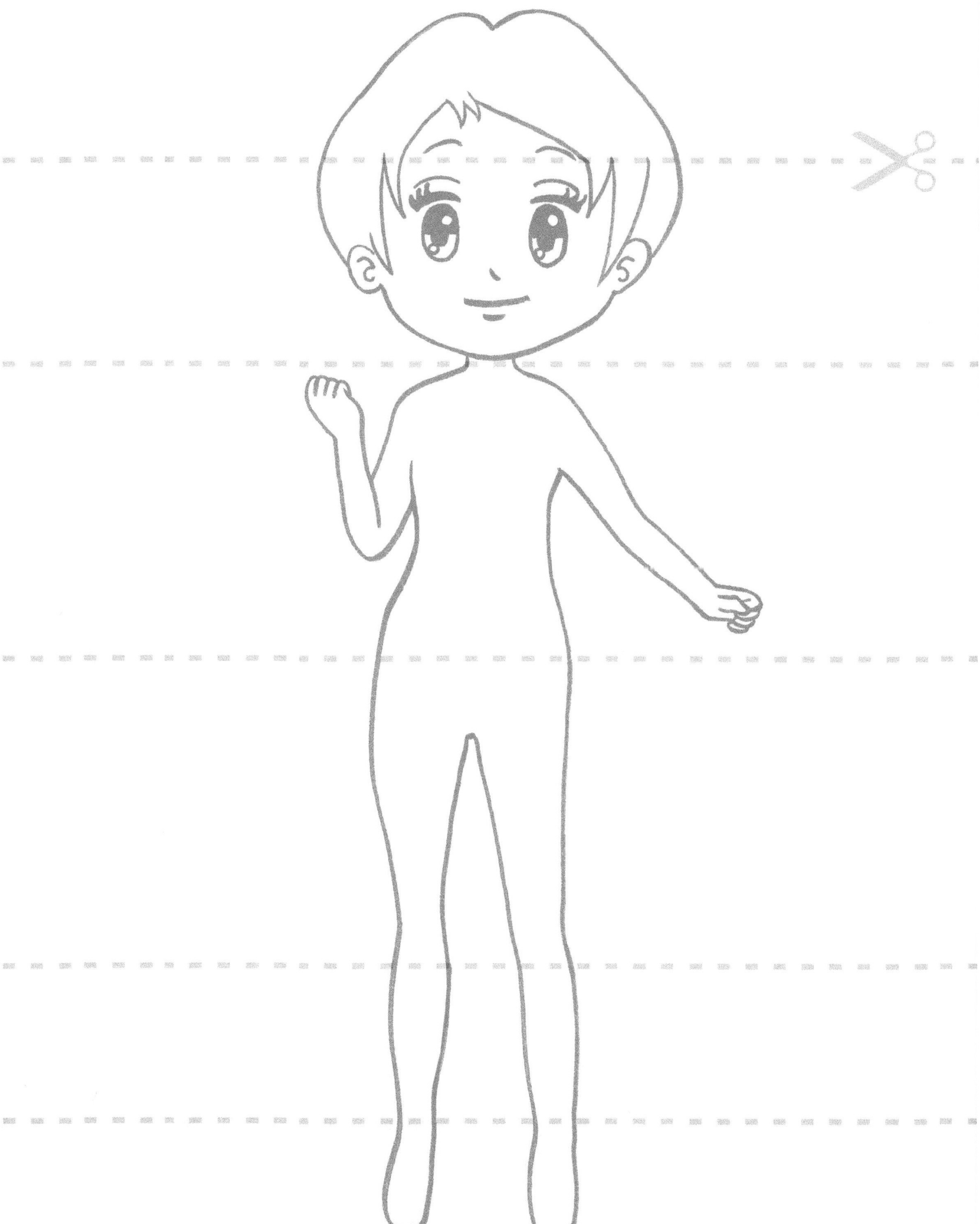

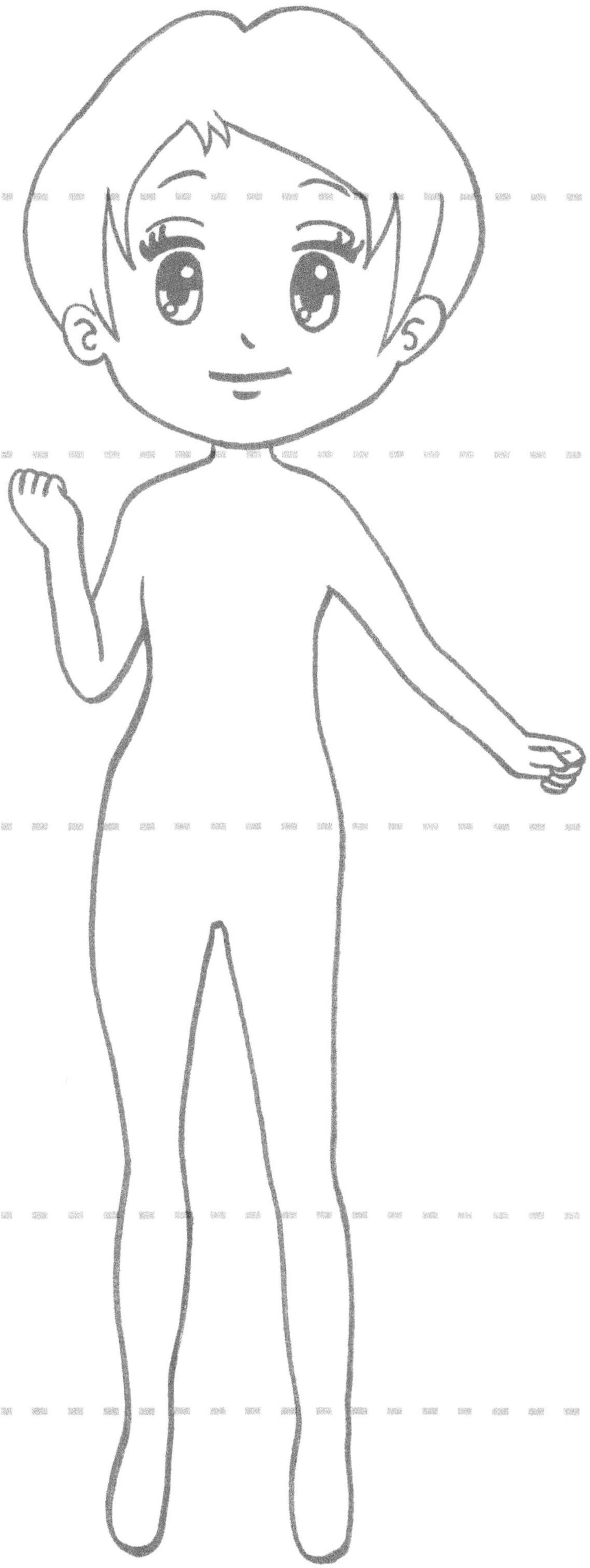

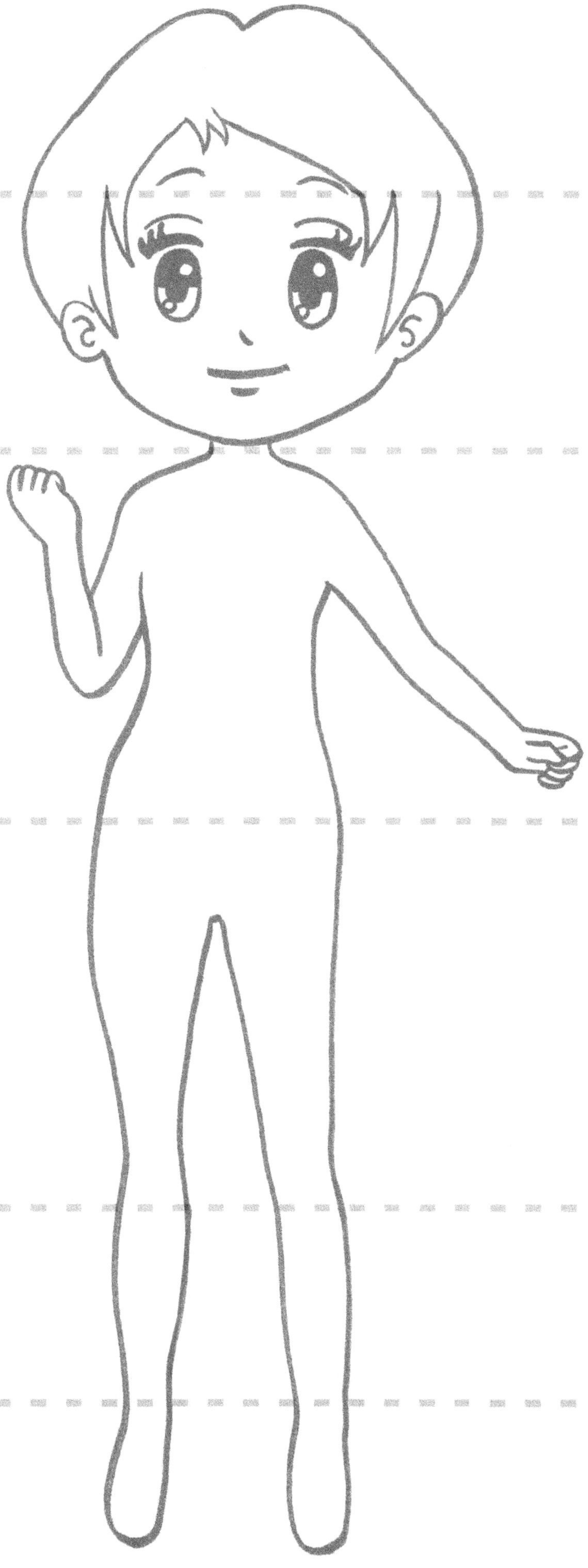

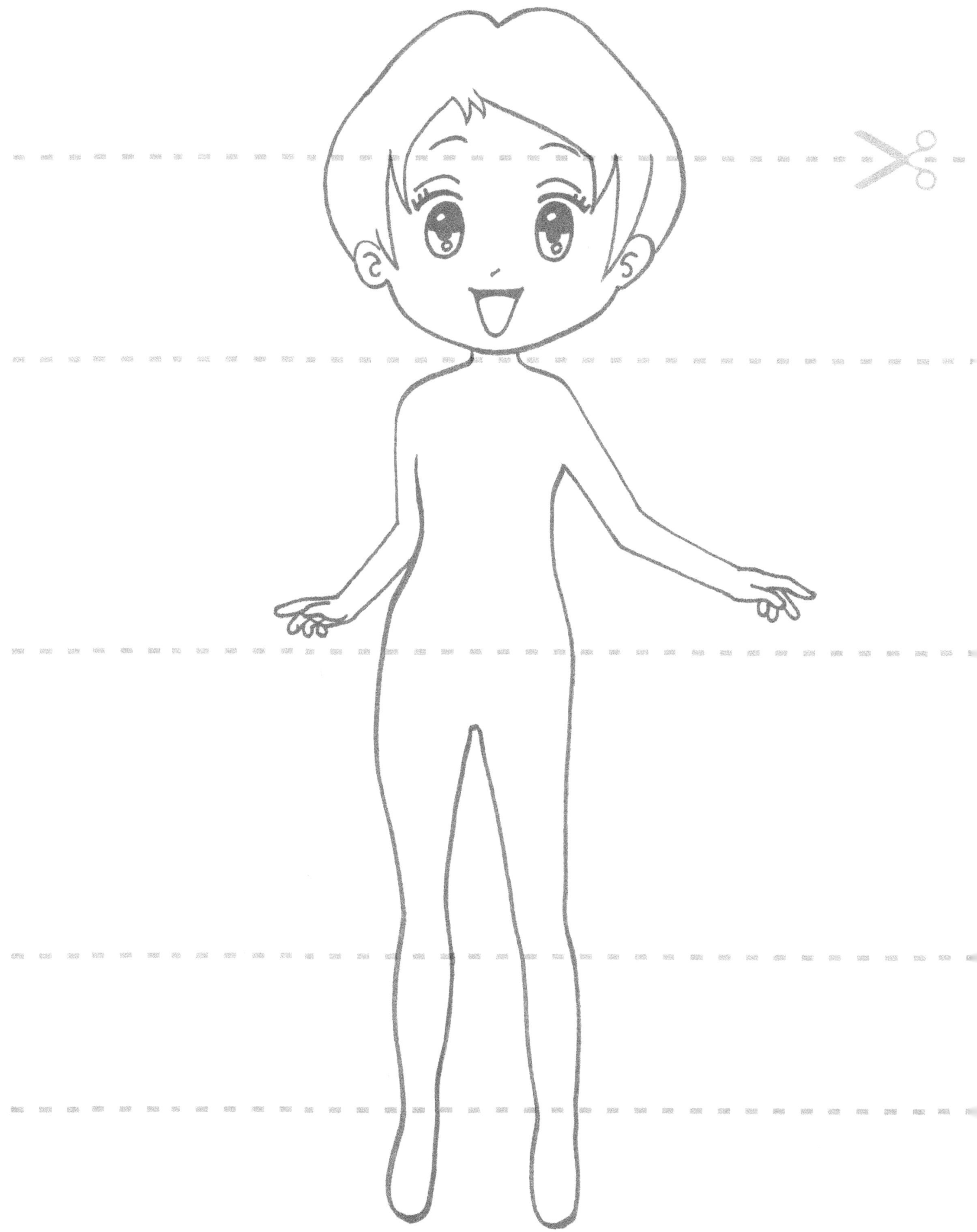

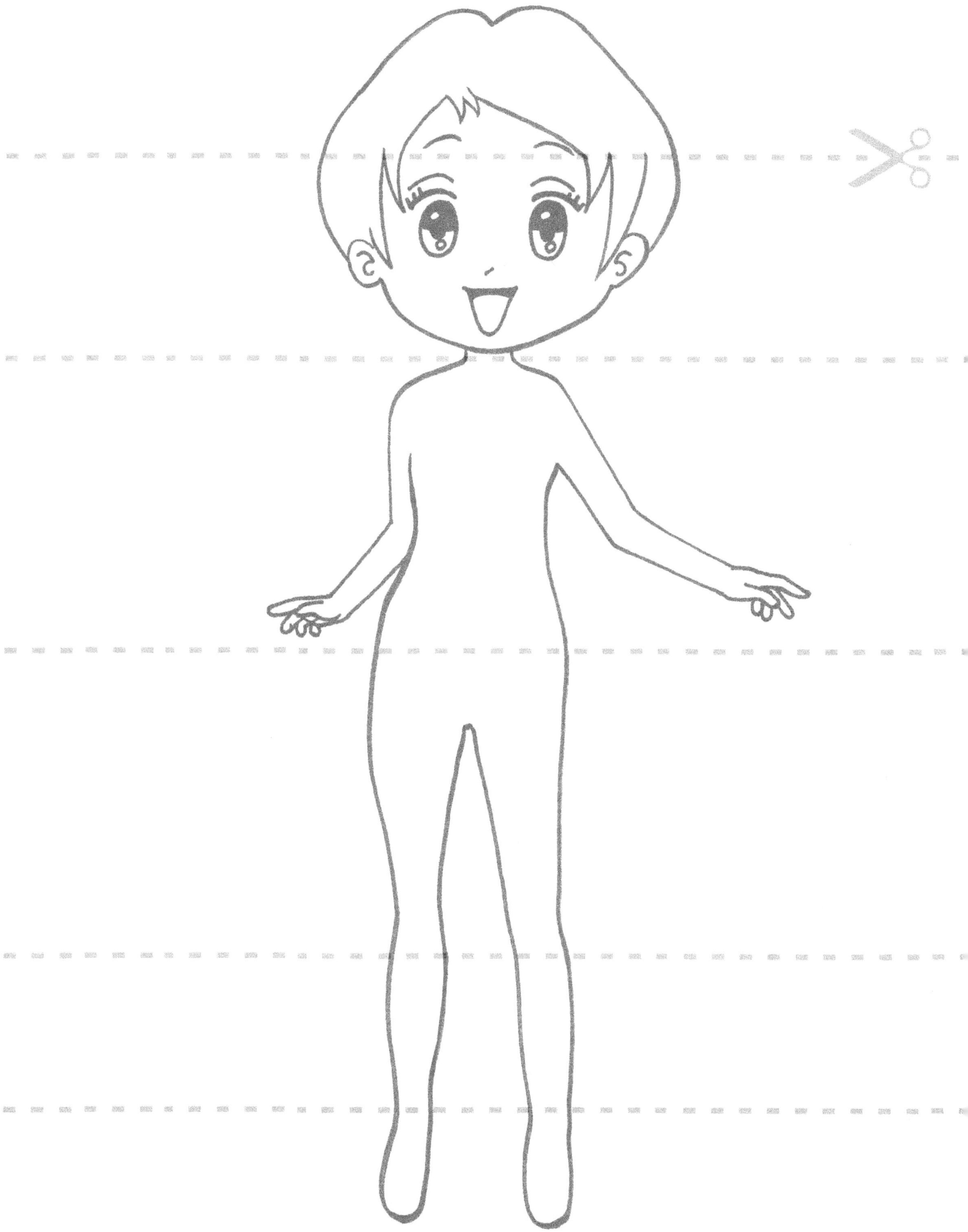

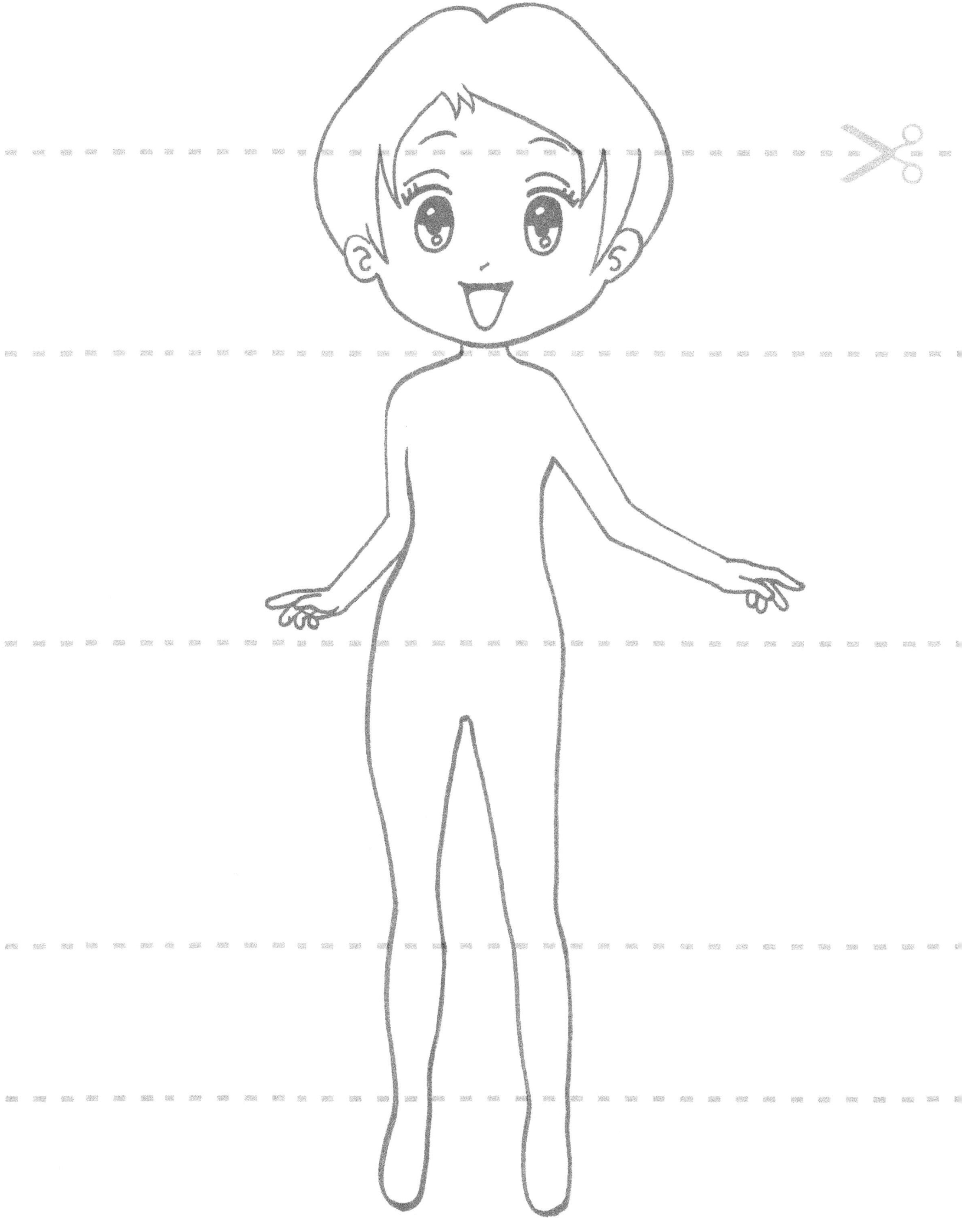

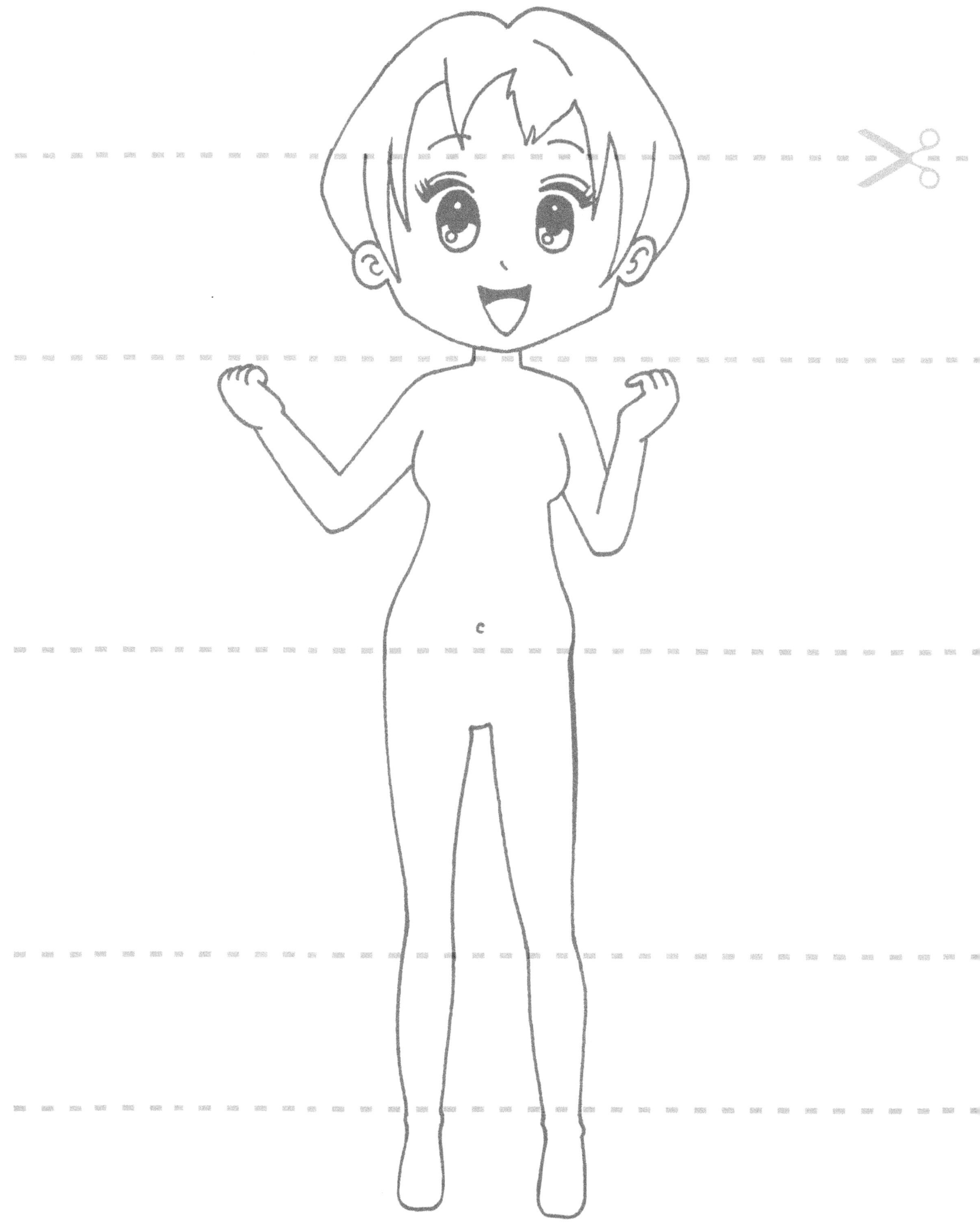

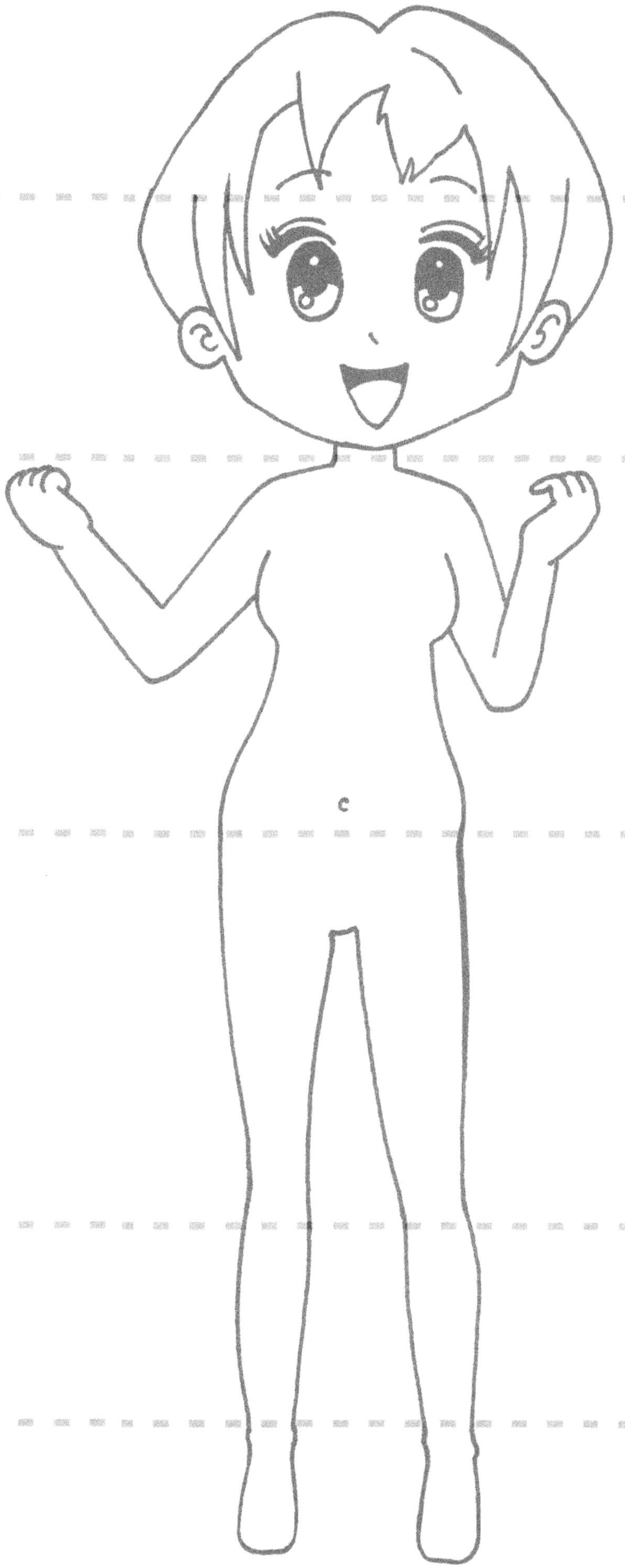

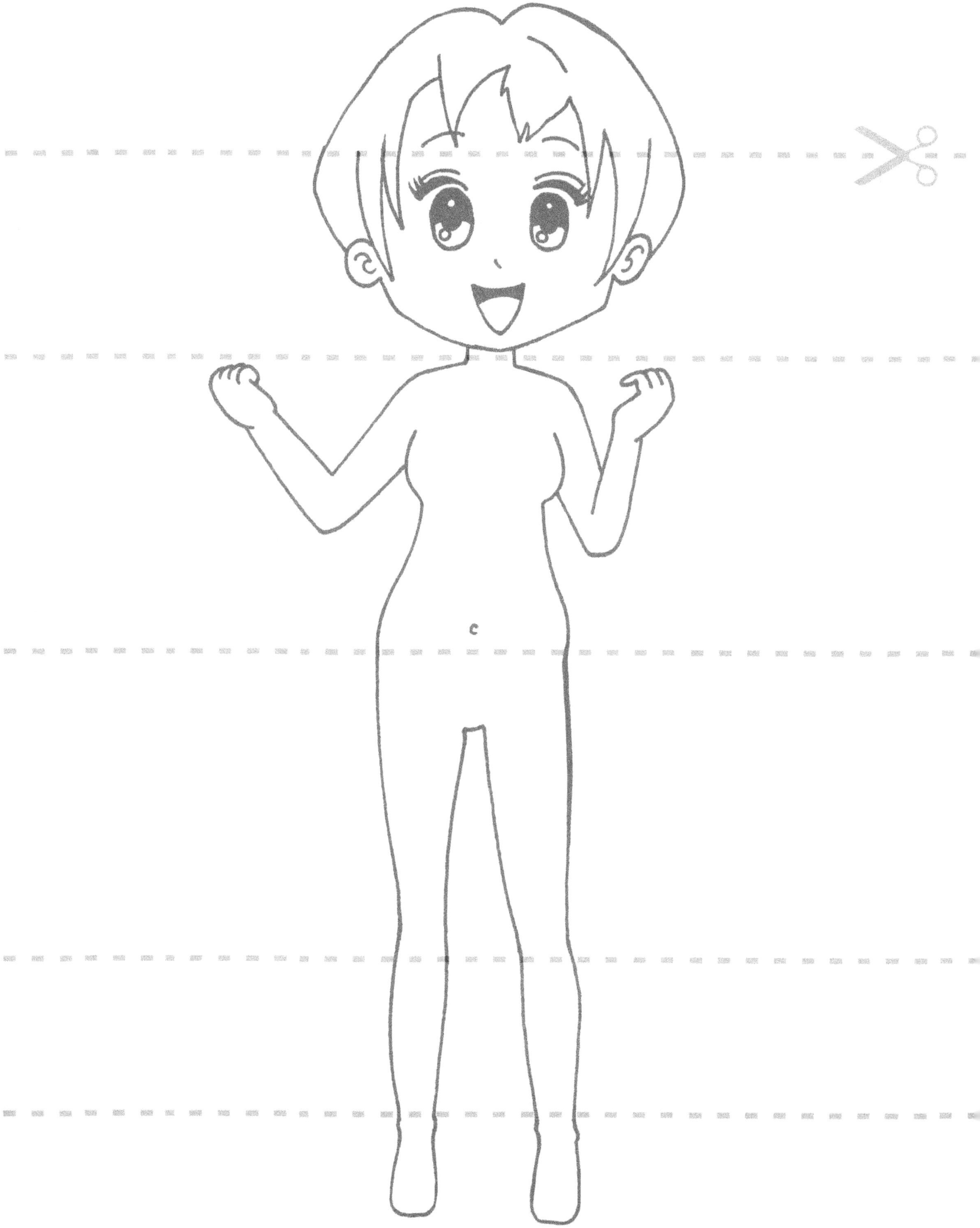

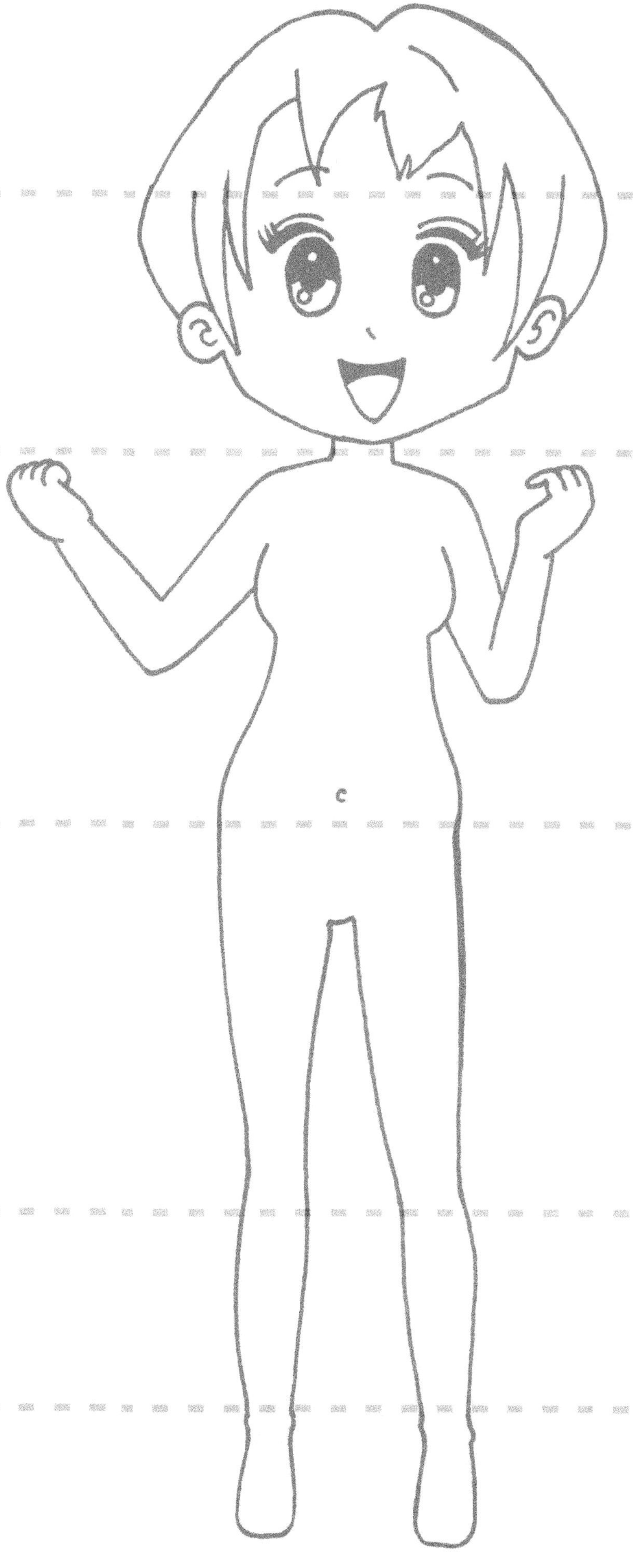

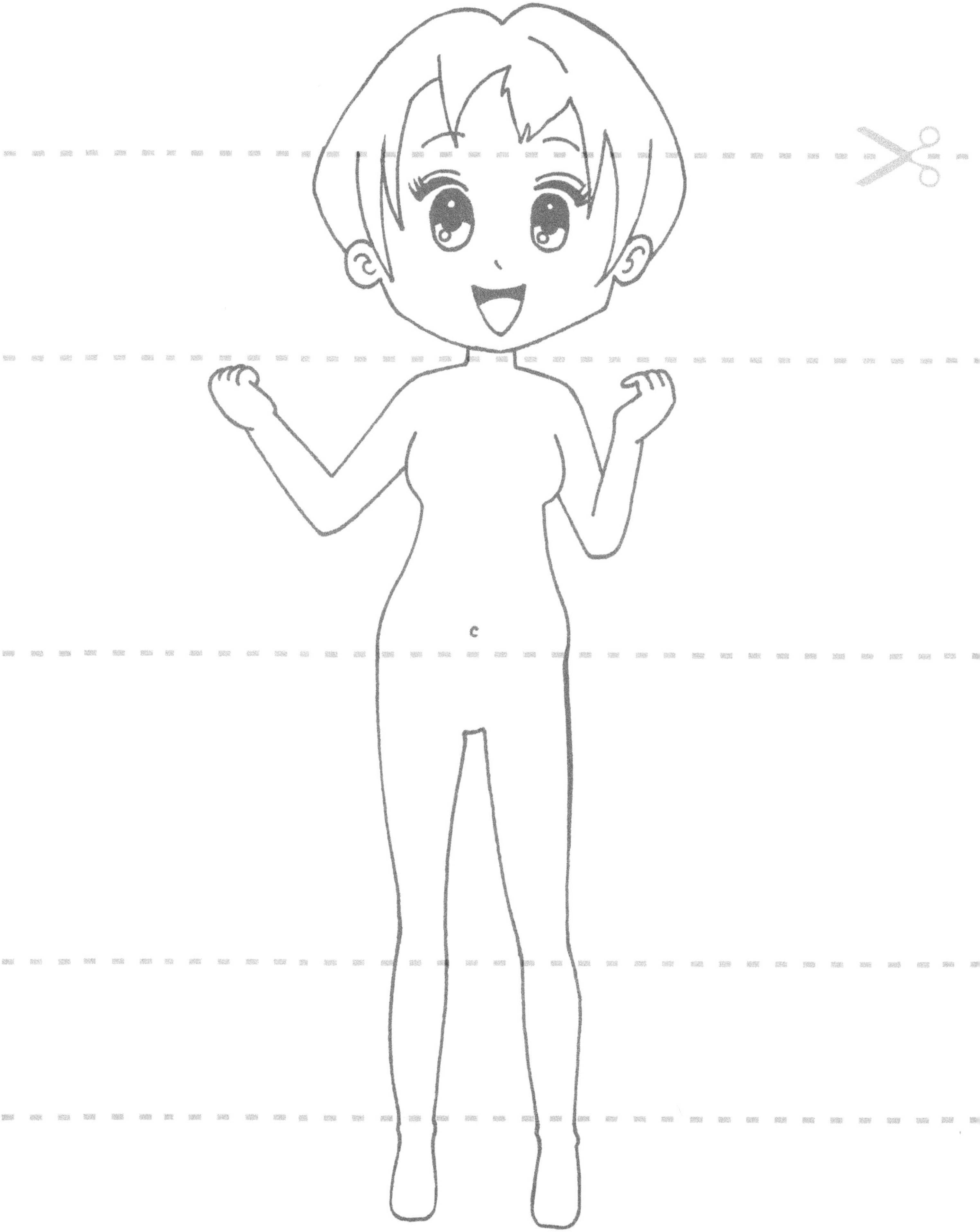

À mes filles

www.ingramcontent.com/pod-product-compliance
Lightning Source LLC
Chambersburg PA
CBHW081837280526
45789CB00007B/2481
* 9 7 8 1 5 4 0 8 6 9 0 1 2 *